LÍNEA DE FLOTACIÓN

Germán Echevarría

Exit Editorial

Colección Exit narrativa

© de los textos: Germán Echevarría
© de la presente edición: Exit editorial
© Maquetación de portada e interior: Exit editorial
© de la potada/contraportada: Reproducción acuarela de Carlos Diez

BLB CONSULTORES REGISTRALES E HIPOTECARIOS S.L. B86927563
Calle Chopos, 31, 28221 Majadahonda
Teléfono: 616985408 / 673161172
Email: comunicacion@exitcomunicacion.com
Página Web: www.exitcomunicacion.es

Primera edición: Marzo 2026
ISBN: 979-13-990585-6-7
Depósito legal: M-23416-2025
Impreso en España

Para Gregorio Monreal, recordando aquella tarde de noviembre de 1977, que estuvo en la habitación de Puerta de Hierro y escribió días después un obituario que empezaba: "En una tarde otoñal ha concluido la vida...".

Para Marina Pérez que reparó en esta Línea de Flotación, como marca de existencia y línea de poesía.

Para Leire e Iker, entonces, desde entonces.

Para todos los que me acompañaron en esta travesía.

"Dijo mi amigo que solo hay dos dioses, llamados Ignorancia y Olvido".

Onetti (*Cuando ya no importe*)

The days go and I go with them.
(Los días se van y yo voy con ellos)

John Ashbery *(Pasaje techado)*

-un poste y unos cables que el viento mueve-

Malcolm Lowry (*En la cárcel de Oaxaca)*

Los significados y los valores son igualmente reales, y tampoco podemos fotografiarlos. Son reales en el mismo sentido que lo es un poema.

T. Eagleton (*Razón, fe y revolución*)

La Línea de Flotación, Línea de agua, Línea de calado, Línea de navegación..., es la línea de la intersección del plano formado por la superficie del agua con el casco; separando la "obra viva" (parte sumergida), de la "obra muerta" (Parte sobre el agua) Variable en función de la carga, de las características del agua, etc.)

En términos generales Línea de Flotación suele referirse a aquello sobre lo que se asienta cualquier sistema.

El diafragma es también una línea de flotación. Nos sostiene con vida. Músculo ancho, plano y delgado que separa la cavidad torácica de la cavidad abdominal. permitiendo la respiración, aumentando el volumen de la capacidad torácica al inhalar y disminuyendo al exhalar.

Es el músculo del alma, permite el primer aliento.

La travesía, corta o larga, es la propia vida.

ÍNDICE

PRÓLOGO

Este Libro recoge poemas escritos a lo largo de una travesía vital de años, algunos, revisados y corregidos en los últimos seis años.

Denotan una larga travesía. No desarrollan un argumento determinado, pero son el sedimento de vivencias, estados de ánimo, resonancias, situaciones en el navegar de la vida.

Por eso, a veces, algunos parecen dejar una estela común con otros.

Otros, parece que no, pero aquí están, porque las estelas en el mar se borran y la vida sigue su imaginado rumbo.

I

By-pass

I

Para el Dr. J.F.R.

No somos conscientes,

no nos observamos,

no tomamos postura,

lo dejamos aplazado, entretenidos en las cosas cotidianas.

Pero el final está acercándose

en términos de calendario,

y en términos de posibilidad.

Lo que nos queda por vivir.

El porvenir no es largo.

Largo el día, corta la semana, corto el mes, más corto el año.

II

Es tiempo de escribir lo que a uno le viene en gana."*Time for a Tiger*". Ya no queda nadie a quien pedir permiso u opinión... No busques utilidad. La utilidad de lo inútil, si consigues expresar lo que sentiste en un momento de iluminación.

De aquí que en adelante no es preciso volver. Ser libre es ser capaz de empezar de nuevo, aunque la esperanza sea corta y larga la memoria.

De lo contrario, quedamos esperando ante la Puerta abierta, a donde nadie más se ha acercado, confundido, sin atreverte a dar el paso.

Quedamos ante el espejo de nuestra propia vida desarrollándose hacia atrás.

¿Aún podríamos recuperar aquellos días? Ahora ya no estarían envueltos en el miedo.

*

El pasado no acaba de pasar.

Y el futuro nunca llega.

En el presente vacío

 hay que preservar las palabras verdaderas.

*

Me voy fijando en las ramas de los árboles,

todas diferentes, todas distintas en sus matices.

Comienzo del otoño,

cuando el aire de pronto produce remolinos de hojas caídas,

que ascienden por un momento

y luego vuelven a repartirse por el suelo.

*

Despertares. Empiezan a sonar las sirenas del pánico. Levantamos la vista sin fuerza y la mirada cae, se abate hasta que los párpados vuelven a quedar entornados. Es preciso levantarse. Salir. Recuperar el anonimato en medio de las calles.

*

Tomé apuntes del viaje en la libreta anaranjada.

Hace un año era ayer.

El tiempo, el tiempo

que se escapa entre los dedos.

*

Puedo sentir el olor del amanecer

cuando la primera luz

asoma al cielo.

¿Puedo seguir ya el mismo camino?

¿Sin hacer cabizbajo el recorrido?.

*

Los poemas son enigmas,

irresolubles fuera del contexto en que fueron escritos.

Los releo una y otra vez

y una y otra vez soy incapaz de comprenderlos.

Pero han salvado del olvido algo que nos pertenece.

*

Nubes y nubes.

El cielo cambia de color

como manteles que ondean al viento.

Pronto una dulce voz

iniciará su breve canto

y la juventud estará al alcance de los dioses.

*

Tiempo y liturgia.

Las estrellas se han apartado de mis ojos,

queda el curso de la brisa y de las olas.

He olvidado.

No encuentro la luna a mi costado.

El mundo se ha ido apagando.

Como entonces, se ha confundido

futuro con pasado,

el futuro es ayer,

en un presente huido.

*

Me acojo a esa luz que rebrilla en el mes de enero,

a ese momento del sol

que hace el paisaje verdadero.

*

Debo identificar cualquier tipo de autonegación.

III

Aceleración y fuga del tiempo

¡Oh sentido de lo efímero

relumbre de la belleza!

*

Sin que tengamos

que hacer sacrificios a los ídolos

tomemos los alimentos terrenales.

La luz del sol, las estrellas del firmamento,

el auxilio de la noche y de la luna,

los sacramentos del amor.

Los seres queridos.

Las almas que amamos y sus ojos,

danos la dicha del vivir,

y la esperanza de reconocernos.

*

IV

Huyo del poema

y el poema me persigue.

Quiero dejarlo atrás.

Quiero vivir tan solo, un solo no hacer nada.

Pero el poema me dice: anota, ya lo trabajarás luego.

Huyo, estoy viendo el partido,

estoy oyendo un debate,

estoy jugando a las cartas,

huyo del poema y él me encuentra,

al oír el cuarteto, el nocturno de Borodin,

al leer una novela, al pasear

entre soledades,

bajo la lluvia blanda.

Me ha encontrado esta noche

cuando la luna salía

roja y redonda desde el mar oscurecido.

Había huido, dejado atrás poemas sin trascribir, otros a falta de
corregir.

Pero el poema me ha encontrado, al empezar el sueño,

alertándome del terminar de la vida.

*

Noche y día a la vez.

¡Oh aquel sol de medianoche!

¡Oh aquella foto, el momento de la foto, en la ladera,

junto a la ermita, oh aquel día!

Día y noche a la vez, de madrugada.

*

Despojado del mundo y de tu vida

imagina la soledad del Paraíso.

En el más allá seguiremos anhelando,

buscaremos el más acá, oh Dios misericordioso,

la vuelta al útero materno.

*

¡Oh flagelantes!

Los libros quedaron abiertos para una lectura transversal.

¡Oh flagelantes!

De nuevo intento recomponer los pedazos de la realidad.

Tirar los papeles rotos que tengo en el bolsillo.

Recuperar el paso, arrancar las formas complejas de la culpa,

la corona de espinas de la frente.

¡Oh flagelantes!

que camináis, hacedme un sitio.

Canon. Desfase de voces.

Variaciones Goldberg de Gavrilov,

me despierto en aquel diván y no hay nadie.

Y los pensamientos inconscientes se fugan.

¡Oh fantasías psicoanalizadas!

¡Oh pensamientos intrusos!

Vuestra sangre, flagelantes, me ha salpicado,

pero no puedo olvidar las caricias, las suaves manos,

el pelo cayendo sobre el rostro,

el roce de los dedos.

Somos humanos, sólo somos humanos,

como Jesús de Nazaret.

V

Me dispongo para oír las completas

y quitarme el vértigo de las tinieblas recurrentes.

*

El consuelo inicial de la degradación,

el abandono del esfuerzo,

que facilita respirar.

Sólo existe el deseo

a punto de ser satisfecho.

Quién. Alguien que ignora su autoestima,

ignora el deleite

donde san Agustín se revolcaba

y que otros dicen despreciar.

Oh "delectatio morosa"

que inventaron los canónicos

para señalar donde empieza el pecado.

Oh fisiología del deseo

perdido en las penumbras inconscientes.

Sabor de besos que no existieron,

abrazos a cuerpos consumidos,

palabras susurradas no ajenas al amor,

inevitablemente cercanas.

*

Vértigo de la caída,

"quita esos sesos de esos cantos". (*)

"in hac lacrimarum valle". (*)

Estar, no estar, estar.

Ser, no ser, ser.

Hacer, no hacer, hacer.

*

¡Oh poderes auxiliadores! (**)

He vuelto a los lugares sagrados.

donde la vida fue verdadera,

donde volvemos,

buscando la autenticidad…

(*) La Celestina

(**) Ernst Junger *(Radiaciones)*

*

He pensado en la génesis de aquellos poemas

¿han surgido a partir de estados depresivos

 o como combate para recuperar la fuerza de la imaginación,

como defensa frente a la Dama Negra

cuya llegada presentimos?

¿Han surgido de repente? ¿Sin pretenderlo?

¿O han sido escritos para retener el éxtasis, para evocar la dicha?

Oh aquel olor a jazmines, las noche entrañables.

Oh el Neva helado, el patio azul.

El barco que se acerca a las montañas nevadas, cerca de las Lofoten,

el canto del muecín en Sultanahmet al empezar la tarde,

la playa desierta corriendo hacia las olas, el mar entero,

el esperado amanecer.

Los lugares sagrados me esperan,

y no exigen sacrificios a los ídolos.

*

Por eso dejo constancia de que he vuelto.

Cruzo el puente en la potente pleamar

bajo los gritos de las gaviotas

que sobrevuelan.

Puede empezar un nuevo día

con los levantes de la luz

y el agua en el borde de los muelles.

*

Línea de flotación en la vida de aquellos días.

Los barcos navegaban en el Bósforo.

Las familias al final de la tarde

comían, reunidas, sobre la hierba,

y poco a poco los barcos se iluminaban

y se empezaban a ver luces en la orilla de Asia.

SOLITUDE AND REFUGE

Una luz espesa asciende por la tarde,

denso aire, que parece gas.

El cielo está más nublado

con una claridad turbia

muy antigua.

Siento este ambiente, que se condensa, ahora,

en mí mismo,

¡qué difícil caminar!

Solo puedo volver allí,

de nuevo,

acogiéndome a ese ensueño,

corto y conocido,

porque las calles están retrocediendo

y el corazón se encoge

al respirar.

UN LÁPIZ NUEVO

Compro un lápiz de mina negra

para subrayar en el libro

ó marcar los márgenes

ó anotar,

un lápiz nuevo, otro más,

como si me estuviese alargando

a mí mismo la vida.

Utilizarlo, leer, uno y otro libro,

hasta que se vaya reduciendo de tamaño.

Como si comprara días y días de lectura,

tiempo por delante,

tiempo para alargar la vida,.

ESLABONES DE LA CADENA DEL ANCLA

Esos son versos, poemas

que forman parte de otros diferentes .

A veces hay que variar el rumbo.

A veces mantenerse a la espera.

Ahora voy a unirlos

como eslabones de una cadena.

Uno dice así:

> *"Lo que se pueda, se hace".*

Otro dice:

> *"Ahora o nunca"*

Hay que entenderlos enlazados para siempre.

Y orientar la vida

como el buque aún anclado en el mar, esperando puerto,

orienta la proa contra el viento,

para que no derive

ni garree, (1)

y endereza la proa de nuevo

ajustando solo su posición.

cuando el viento vuelve a cambiar fuertemente.

(1) *Cuando el buque se desplaza indebidamente por la fuerza del viento, cuando no está bien anclado y orientado de proa a dicho viento.*

AMATISTA (Poema por sugerencia)

Para Lydia

Tú conoces mi cuerpo,

yo conozco tus manos.

Sintiendo que el cuerpo relajado

casi se va hundiendo

a la vez que el pecho se abre al mundo.

En la ventana la tarde se acaba.

Inhalar profundamente,

exhalación, en voz alta, del suspiro.

Primero mi voz no vale, es un susurro

apenas desde la garganta;

luego, a la vez que tu voz, simultáneamente,

también puedo hacerlo en voz alta.

Además de tu rostro

está la esfera violeta al borde de mis ojos,

y el pulsar que enciende la amatista.

Al volver, en la calle, un cielo raso ya nocturno,

Venus, que destella, alineada

sobre la incipiente luna.

El mundo y mi tiempo en el alma,

nadie en las calles.

Luces parpadeando, adornando algunas casas,

que me gusta contemplar.

He vuelvo solo, pero siempre con más años,

"Escribo desde otro tiempo", me dije.

Recuerdos.

Y recuerdo también tu *"la vida sabe de la vida"*

¿Qué es lo que pasará, pronto?

¿Qué quedará de todo?

Y la esfera violeta, la amatista,

llegando a esa exhalación a la vez,

y ese suspiro

que hicimos en voz alta…

COMO SI NO FUERA

Íbamos por la calle

los dos como si tal cosa,

como si pudiese ser así,

como si no fuera.

Los demás que se cruzaban,

eran de otra película.

La nuestra era diferente.

Llevábamos rato hablando

y había tanto pendiente,

y silencios compartidos

y sosiego de la mente.

Y agradecer el momento

y agradecer esa suerte.

BILBAO

Por la ría entran las madrugadas
por la ría salen los crepúsculos.
A veces la oscuridad del cielo
llena el agua de sombras negras.

Pero desde aquí, desde el balcón de Archanda,
desde aquí, ahora, la ría divide Bilbao
o lo cruza como una arteria abierta
y reluce, como diseñada
para ser una bisectriz bipolar,
para trazar la auténtica perspectiva.

Dentro de poco será el espejo de la luna.
O el misterio de su superficie tersa
que insiste en recibir la lluvia gris.
Bilbao es así, en su propia luz tardía,
condensa el silencio
de algunas calles y esquinas.
La luminosidad fantasmal de sus farolas

se encharca desde el atardecer,

entre las calles.

Hasta que ya, de noche avanzada

las calles se han vaciado,

se oyen las pisadas,

algún fantasma del ayer,

alguien que sigue inclinado

en la barandilla de la ría,

el Bilbao más oscuro, en las calles

donde se aman los ángeles ebrios y las mujeres perdidas.

PASEANTE QUE CRUZA

El recto tronco soporta hacia lo alto,

las ramas y las hojas...

me apoyo en él

y miro hacia arriba.

Me ampara el cedro del Líbano.

Veo la misma luz que las plantas

saben absorber y convertir en vida,

la radiante luz del mediodía,

la lenta y matizada luz de la tarde.

A la noche las altas hojas se mezclan con las estrellas,

las contemplo de pié bajo el tronco,

mirando al cielo,

y palpo el árbol,

para que ahora, con la luna entre las ramas

me llene de su paz y fortaleza,

y me permita ser un paseante más, que cruza por el parque,

atento al próximo amanecer.

WASAPS TARDÍOS

Las letras se escribieron solas

al quedar dormido el dedo sobre el teclado.

Wasaps tardíos, casi vencidos por el sueño,

casi de madrugada,

sin haber tenido tiempo:

"cccbnbbñnñbbnb b"

Lo entiendo muy bien.

Quiere decir:

Tengo sueño.

ESA RÍA

Esa ría que ves desde tu casa
que discurre hacia el campo Volantín,
esa ría a la vez inicio y fin.
Mi ría, desde niño, que aquí pasa

y sube y baja en la marea cierta.
La que crucé en mi vida tantas veces,
el bote, y el Sixto… a la vez que creces.
La ría bajo tu terraza, abierta.

Fue una sorpresa que esa imagen mía
la tengas tú delante cada día,
estando desde siempre en mi poesía.

Una emoción que late en lo que escribo,
y que yo también ahora la percibo
en esa foto que de ti recibo.

"NO"

Ese "no" no es un "no",

es un no que está de más,

es comenzar a decir

mi forma de contestar

para contextualizar

para después decir sí.

EL PESO DE LAS SOMBRAS

Hospital de Santamarina (26.12.2015//4.4.2024)
Para J.F. Fdez. de A.

El peso de las cosas. Y las sombras
que se espesan en torno de este mundo,
que se desprenden desde lo profundo.
El miedo reaparece si las nombras.

Ser consciente, al fin de los setenta.
Ser consciente del tiempo de la vida.
Es preciso pensar en la salida
y nada puede ya quedar a cuenta.

Lo que sigue pendiente, que no estorbe.
Dejar para mañana no es posible,
se achica el horizonte que es factible.

Siempre pensaste que era eterno el orbe
pero las sombras frías ya se espesan,
porque el tiempo pasa y las horas pesan.

ABRAZO FUERTE

Unha aperta forte, forte,
una aperta en el wasap,
sin que tenga otra razón
que los días que pasaron
sin saber lo que pasó.

LA MEDIDA DE UNA CITA

Llevo un rato leyendo tus sonetos
he querido agruparlos, repasarlos,
y subrayar, para después citarlos,
utilizando códigos concretos.

Algo que fuese muy cercano a ti,
que enlazase tu cita con mi verso.
algo que haga que no quede disperso
lo que ahora escribo con lo que leí.

Quiero esa cita en un soneto mío,
mantener viva quiero la ilusión
y volver a soñar con ese rio.

Y dar a mi soneto esa emoción,
de devolverte el verso a tu medida,
que conecte con tu alma y con tu vida.

FOTO DEL FINAL DEL MUNDO

Para B.

Quisiera ese momento, el de esa foto,
son nuestras siluetas sin saber
si estamos de frente, o es un volver
a nosotros sin nada que esté roto.

El horizonte atlántico de fondo
difuso y extenso en la luz poniente.
Dos siluetas sin otro referente.
Un momento de vida hacia lo hondo.

Una foto final que así quedó.
Sin tiempo ni lugar. Y no se olvida.
En esa foto pierdo la mirada.

Dos siluetas. Somos tú y yo.
Y algo nuestro, que entonces fue la vida,
en el final del mundo, dos o nada.

II

Protopoesía

A RAS DEL TIEMPO

Después de leer TIME-LAPSE (*)

La poesía a veces irrumpe en la conciencia

y no sabes a ciencia cierta

qué vas a decir,

pero es necesario decirlo.

Más adelante cobrará sentido

cuando pase el tiempo

y te hayas hecho más sabio.

No taches ahora, déjalo como está.

No modifiques nada

para que todo sea más preciso

y quizá más verdadero.

En la línea de flotación

a ras del tiempo.

(*) Libro de Txaro Echebarría.

MUY PAUSADAMENTE

Para G.M.

¿Son poemas buenos o malos? ¿Para quién?

Cuando ya no importe. (*)

Se trata de que sean verdaderos, en este momento,

en el que ya "tantas cosas hemos visto".

Y hemos vivido.

No es lo mismo que *"de la boca me gotea sal ardiente"(**)*

que los restos de saliva de un beso.

No es lo mismo aupar a un niño y reír,

que guardar en tu cuarto

la urna con las cenizas de tu hermano.

No es lo mismo el vacío de una mañana

en que la depresión te impide vivir,

que correr por las olas para intentar ganar a tu nieto.

No es lo mismo, cuando la luz se apaga,

cerrar los párpados para intentar dormir,

*) *Cuando ya no importe* (Libro de Onetti)

**) *"de la boca me gotea sal ardiente". Satán dice* (Libro de Sharon Olds)

que distinguir algo luminoso que se filtre,

en la ventana, desde el cielo, desde la calle,

desde el recuerdo que aún queremos mantener.

¿Poemas buenos o malos?

Solo quieren recoger la vida,

solo quieren compartir,

llegar a quienes están, de una forma u otra,

en ellos.

Son un fluir continuo.

Como la sangre que fluye desde el corazón,

como el diafragma que equilibra la respiración.

Son también realidad de la realidad,

vuelven así a ser verdaderos, si los lees.

Estáis en ellos. Igual que yo. ¿Es así?

Entonces todo está bien.

PORTADA: SOBRE EL CURSO DE LA RÍA

Cualquier soneto de antes o de ahora.
Un terceto final que me emociona,
o cualquier verso que la luz corona
con geranios y pétalos de aurora.

Cualquier cosa que digas o que quieras
la pronuncias con tu cercano aliento.
Apertas y bicos van en el viento
y llegan hasta aquí, *sempre* de veras.

Tus vistas sobre el curso de la ría…
Tengo esa foto, esa cubierta, en mente,
para el libro "Línea de Flotación".

En el curso cercano a San Antón,
sin saberlo era tuya y también mía.
También mía esa imagen permanente.

LA VIDA MEDIA DE UN POEMA

Para P. G. de L.in memoriam

"Ahora que la lluvia es lenta y se sucede"
El grito de las aves (Pablo Glez. de Langarica)

Ser invisible en esta sociedad.

Puedes observar, puedes escribir,

moverte libre por la calle.

¿Ver tu libro en la librería?

¿Has pensado

en cuál es la vida media de un poema?

Mientras tanto, sigue lloviendo

y para la gente que te rodea puedes ser tan ignorado

como también lo es Virgilio,

pero puedes imaginar que saludas a Juan Ramón,

que te ha rozado la capa blanca de Juan de Yepes, y nadie se da
cuenta,

o que has corrido por la playa con Walt Whitman.

No te preocupes,

eres, mientras tanto, un agente secreto

que no ha sido descubierto,

que aún no ha sido delatado.

Todavía no ha llegado la hora de huir,

o de esconderte,

o de buscar, con otra identidad,

el necesario exilio.

LA VERDAD

Oh Pilatos…

Preguntaste a Jesús: ¿Y qué es la Verdad?

Seguías sin encontrar delito en aquel hombre desamparado.

Quisiste salvarle de la cruz.

Pero estaba escrito.

Al final te lavaste las manos

ante una chusma a quien despreciabas

y a la que maldijiste: "Caiga esta sangre"…

Cerraste el balcón, malhumorado.

Después los sacerdotes volvieron a ti con sutileza.

Has puesto en la cruz "Rey de los Judíos", te dijeron..

Debe ponerse "El que se decía Rey de los Judíos".

Los miraste con furia, y con ademán de romano

los echaste

 y zanjaste la cuestión para la historia:

"Lo escrito, escrito esta".

CORTOS O LARGOS (POÉTICAS)

Para J. L.

¿Son reflexiones sobre la poesía?

Las he escrito

en poemas cortos,

en sonetos,

en versos libres.

Percepciones

de algo que está ante ti.

Paraíso, derrumbadero, raya del alba,

pasillo del hospital,

insomnio en la residencia donde no te dan más orfidal,

ó las espumas de las olas

que ahora llegan a tus pies.

¿Poemas en que se invoca?

Mantienes tu decir

corto o largo.

Es el sustento de la percepción.

Es la composición improvisada,

es tu poesía contenida,

que es una confidencia o emoción.

FRACMENTOS DEL TIEMPO RECOBRADO (POÉTICAS)

Para J.F. Fdez. de A.

Poesía es aventura.

Poesía es palabra interior.

Poesía es contemplación

y meditación.

Poesía es tiempo recobrado.

Es mirada.

Es abrazo.

Es palabra compartida.

Es recuerdo, fijado, porque el tiempo no se detiene.

Si se destila, es plegaría,

si se canta es bendición.

Aunque no lo parezca a veces,

siempre deja un significado,

incluso después de la última línea.

A veces, antes de la primera.

Una forma de esperanza.

Una forma de reconocimiento.

Se comparte, se susurra,

se metaboliza en la distancia,

está en sus fragmentos,

en sus pausas,

en sus silencios.

CUMPLEAÑOS

Después de leer tus poemas enviados.

Tienes el don de expresar desde tu alma

y precisar cuánto escribes.

De ajustar la métrica y la rima

en sonetos que ya eran hondos

y abrir el corazón al verso libre.

Poeta y también rapsoda.

Cuando recitas y cuando escribes

pones la palabra y el acento

en aras de la verdad

y el sentimiento.

Es tu respiración

quien da al verso el debido paso.

A veces tu emoción,

o un suspiro contenido,

en un latir emocionado

quien da, en ambos casos, el sentido.

Y hoy es tu cumpleaños,

en un día que dices agridulce,

por tus circunstancias,

lejos, de los que quieres tanto.

Cumples los años sabiendo añorar y percibir

y atender y cuidar y ayudar y vivir y recordar y querer y ser poeta.

Como dices:

"Moito, moito ánimo, sempre, sempre"

Hoy es tu cumpleaños.

Junto a tu arroyo, que es tiempo y vida,

junto a ese arroyo que fluye oculto y trasparente

como fluye también tu poesía.

VALENCIA

(Valencia es el poder combinatorio de un elemento)
Para I. R.

I

¿El mundo de Peter Pan?

¿La banalidad del mal? ¿Es eso?

¿Los sentimientos alienados?

¿La pérdida de la emoción?

¿El mundo virtual? ¿Es eso?

¿Quién dice sentenciando:

vivimos en un mundo postmoderno?

La redes que configuran una falsa realidad.

¿La realidad, las *fakes,* la colmena digital?

¿La I.A. también?

¿Formar parte de los silenciarios

como si fuera posible acallar el dolor?

¿De verdad habéis salido de las aulas?

"Escribir con palabras claras

sobre asuntos reales", dijeron los acmeistas.

Y el canto de Anna Ajmátova

se convirtió en Requien verdadero.

Siempre hay que descifrar el significado.

Estamos, en todo caso,

en la "antepalabra",

no en el "postpoema".

En la palabra a punto de ser pronunciada

a punto de ser escrita.

¡Oh Protopoesía!

El verso cristaliza

cuando se cruza tiempo y vida,

cuando se llega de la emoción a las palabras.

II

Misteriosas redes de neuronas

en que prenden los poemas

como una fulguración.

A veces como estelas que se apagan.

Todo poema es un hipertexto.

Empieza antes que la primera palabra.

No termina con el punto

del último verso.

Conexiones de neuronas

guardaban ecos de otras voces,

colores, cadencias,

se mezclan con murmullos,

palabras familiares,

y se extienden hasta otros límites.

Valencias.

Combinaciones del inconsciente,

memoria de la especie,

otros idiomas, latín, euskera, inglés, chino, alemán,

otros alfabetos, *"otras voces, otros ámbitos"*,(*)

cantos lejanos

y cercanos silencios.

(*) Truman Capote

III

He vuelto a leer las cartas a Isabel, recogidas en el libro.

Se "rompió la burbuja" escribiste entonces,

pero ahora, al cabo de cincuenta años de tu muerte,

leo tus cartas

y me dejas un relumbre en la conciencia.

Hablé con ella por teléfono

con ocasión de la publicación de tu libro de poemas.

No pude estar con ella

pues la muerte le llegó antes.

Sin contemplaciones, había pasado la vida

por encima de vosotros,

llegó la muerte trágica para ti

y el cáncer para ella.

Y quedan las palabras

guardadas *"en un armario de neuronas"* (**)

para quienes aún vivimos

desde aquella lejana época,

aquellos pocos años.

(**) Verso de Tx. Echevarrieta (*Las turbias potestades*)

IV

Mantengo los ojos ante la pantalla.

¿Qué es lo que iba a escribir?

Ni párrafo, ni frase, ni palabras en la memoria,

un pensamiento iniciado

que de pronto no llega a concretarse.

Un simple temblor en las manos.

OXÍMORON: OSCURA BULERÍA

Para I.R. en recuerdo de Tx.

Ese cante que guarda su secreto,
en el hondo de su alma y su cuidado,
el flamenco que trae hasta mi lado
lo que pudo ser y quedó incompleto.

La noche y las estrellas al costado.
Y el silencio interior. La voz que prende
dentro del alma y luego se suspende
y deja el corazón iluminado.

Recuerdo aquella *"Oscura bulería"*. (*)
Tío y sobrino. Un viaje interrumpido.
Quizá fuera un vivir que se escondía.

Lo estrenó, siendo por él dirigido.
De espaldas como tú. No me confundo.
Tío y sobrino en un extraño mundo.

(*) Composición para orquesta de Pepe Carreras
(Jose Echevarrieta Carreras)

66

FLAMENCO TAMBIÉN

Ese flamenco que te toca el alma,
ese flamenco que entra al corazón,
esa guitarra acorde a la canción,
esa voz que se quiebra o que se calma.

La soleá, *la oscura bulería,*
el hondo que se cruza con lo interno,
ese lamento o ese deje tierno
que llega al alma por la misma vía.

Ese flamenco en la estrellada noche,
el aire que estremece con sus roces,
el eco desde lejos como un broche

prendido ya en el alma y escondido.
Ese pulso, esa guitarra, esas voces,
ese tiento, esa pausa, ese gemido.

ENUMERACIÓN DE LA LUZ

"Y vio Dios ser buena la luz y la separó de las tinieblas"
(Génesis 1,4)

"Así el sol sigue a la Aurora… ¡Levántate! El aliento de la vida nos ha alcanzado una vez más"

Himno a la Aurora (Veda)

La luz de Dios

la luz del hombre

la luz del sol

la luz del las estrellas

la luz de tu mirada

la luz que entra en el agua

la luz en los ojos del niño

la luz divina

la luz del alba

la luz como *aliento de la vida*

la luz última del día

la luz cenital

la luz de la luna llena

la luz sobre el mar

la luz cinérea

la luz de la iluminación

la luz de la hoguera

la luz que se apaga en la depresión

la luz brillante

la luz de la lámpara sobre el despacho

la luz del carburo

la luz del manto de la Virgen

la luz de las avenidas luminosas

la luz de las calles estrechas

la luz que repite el espejo

la luz del Ganges por la mañana

la luz del Arno por la tarde

la luz del Bósforo cuando anochece

la luz del sol de medianoche en Bodo

la luz de las noches blancas

la luz que había, a la tarde, en la calle Solferino

la luz intermitente del faro en la noche

la luz que reverbera al mediodía

la luz que vibra sobre el mar

la luz que desciende al anochecer

la luz de las farolas

la luz cuando atardece en Laga

la luz que nace

la luz que ilumina el mundo

la luz de la noche de luna

la luz en el Cuerno de Oro cuando el sol se pone

la luz en los campos castellanos

la luz de la vieja luna de Bilbao

la luz que resbala en la campa verde

la luz en la capilla vacía

la luz de la aurora boreal

la luz de la tormenta

la luz que vacila entre las amapolas

la luz del amor

la luz del último día

¡oh luz! ¡oh aliento! ¡oh alma!

OSCILACIÓN

Para J.F. Fdez. de A.

I

El mundo de las apariencias

y el mundo del anhelo

están cercanos.

Garras y dientes asoman en las sombras

y la jauría tiene los ojos inyectados de sangre.

Opus nigrum.

Un viento hueco mueve las ramas,

ecos de árboles.

Aristas de edificios separan tu vida ahora

en un mapa sin coordenadas.

Se repite el bip en la pantalla,

acceso denegado.

Quieres apartar las apariencias,

apretarte a su cuerpo

desesperadamente;

después quieres apartar los fantasmas,

retener la luz entre las manos.

No encuentras el camino de la vida

entre direcciones equivocadas.

Apariencia,

realidad virtual, mujeres de silicona,

sólo están enraizados los deseos

mientras sube la marea oscura de la noche

entre astros que son desconocidos.

No cabe prueba y error.

Todas las respuestas son falsas.

Se han roto las palabras

y en la mente sólo quedan balbuceos.

Demencia necesitada de cuidados.

II

Seguimos en la cueva

para no ser devorados

entre las sombras.

La bestia acecha,

nuestra propia mente se desgarra.

A primera hora de una mañana espléndida

contemplo los canales helados,

¡Oh Basílica de la Sangre Derramada!

El hijo tiene aún la aguja pinchada al antebrazo, los ojos vueltos,

la cabeza hacia el costado.

La pálida Virgen le sostiene en su regazo

apoyada en la pared ennegrecida.

Ladrillos pulidos por el resplandor, de color rojo intenso,

fachadas de unas calles, después del estallido nuclear,

que recorren tranvías vacios.

En la plaza en ruinas, que me resulta conocida,

espero a alguien que desconozco,

espero sabiendo la contraseña:

"el aire es casi púrpura".

Philae landing. Sonda espacial Rosetta.

Osiris estaba hablando con el Ángel Miguel,

Orus con Lucifer,

cuando el Ángel levantó el séptimo sello.

Entonces se hizo el gran silencio.

Los hombres

apoyaban aún sus manos ensangrentadas

en la pared de la Cueva.

III

Cambio en la duración. Salir del confinamiento. Para ser libre hay que llegar hasta los edificios deshabitados. Paisajes nocturnos y lluviosos donde al final de calles remotas y oscuras las farolas dejan caer sus sales de litio.

JUEVES SANTO, 6 de abril 2023.

"Un tiempo de tristeza protectora"
(No estaba lejos, no era difícil) Joan Margarit.

Para el Dr. J.M.E.

Mis percepciones, mis gustos en literatura,

en cine, incluso en poesía,

estaban ya con poco más de 18 años.

(He contado a mis nietos, mucho después,

en voz alta, el Ulises de Homero,

entonces, adaptando detalles a mi fantasía).

Habíamos descubierto a Proust, Whitman, Camus,

la amistad que se compartía,

los Libros, la Poesía, la Música, el Cine.

Estaban ya (John Ford, Howard Haws, Hitchcok, los expresionistas,
                                                      Einsentein…),

con pocos elementos, pocos conocimientos,

pero con un gran ansia de conocer…

Y el interés por saber de la ciencia, la política, las noticias…

Y también… la experiencia de la renuncia y la adicción al sacrificio, obligaciones que exigían dejar la vida para más tarde.

Ahora tengo la biblioteca de casa llena de libros, repaso las estanterías

y descubro muchas cosas que me interesa acabar de leer, o leer
de nuevo, o empezarlas ahora.

Mi DVDteca, hecha con películas compradas

que no podré llegar a verlas todas, toda la vida. (Y que conservo
en DVD, ocupando espacio!!)

Y la música, que parece salir de un espacio interior

y alcanzar las neuronas más lejanas.

Tengo un juicio sobre muchas cosas, equivocado o no, incompleto o no,

pero lo he trabajado y analizado

y discutido y debatido.

Tengo tantas cosas de qué hablar cuando oigo tantas cosas!

Y pienso, en tantas, tantas cosas en que cambié de opinión,

o cambié de comportamiento, de temores…

Aquel infierno, aquellos pecados de "la Carne", aquellos pensa-
mientos,"pensamiento, palabra y obra", la casuística de la culpa,
las utopías políticas.

"¡Las cosas que hemos visto, Sir Jhon!"(*)

Y las cosas que han pasado.

(*) *II Parte del rey Enrique IV*, de William Shakespeare

Hoy me he levantado a las cuatro, no puedo dormir, me he hecho un café, he desayunado, y quiero ponerme a pasar poemas escritos que siguen a lápiz en libros, o en libretas.

Hacía, hace un momento una lista mental, torpe, pero valiosa: El Ulises de Homero, Shakespeare, Petrarca, Garcilaso, La Celestina, Cervantes, la Poesía del siglo de oro, Juan Ramón, Cernuda, T. Mann, Carrere, Modiano, Chirbes…

y otros que toco con los dedos en las estanterías.

Y las últimas canciones de Richard Strauss que estoy oyendo.

Todo es muy parecido a aquella línea de flotación comenzada a los 18 años, mi cumpleaños, mayor de edad, pasando bajo el árbol florecido del Campo Volantín.

Hoy Día de Jueves Santo, día del amor fraterno. El próximo 9 hará tres años que murió Mikel.

Entonces el 9 de abril fue Jueves Santo.

Y de los 18 a que aludo pronto habrán pasado 62.

Me veo igual que entonces en los deseos, en la sensibilidad…, con B., con dos hijos y dos nietos, que son los que seguirán aquí y no tendrán sitio para conservar ese caudal de libros, cine, música, long-play, cds…

Y la experiencia dada por el tiempo vivido, que quisiéramos, pero no sabemos traspasar a ellos.

Jueves Santo 2023. ¿Me veo igual que entonces? ¿Qué ha pasado?

La percepción de la armonía. Curiosidad, estudio, fascinación.

A pesar de la tensión con los conflictos. Los míos. La lucha por la vida. La política, la Transición. Las tragedias. Hoy ante una transformación digital que irrumpe alterando la realidad.

¿Qué ha pasado?

A pesar de todo, en lo fundamental, sigo siendo aquel.

III

Marcas de las mareas

(Mareas altas, mareas bajas, mareas vivas,
mareas muertas, momento en que cambia la marea,
tablas de mareas, mapas de marcas de señalización…)

TU ALMA TAMBIÉN

Para Raquel Taranilla,
leyendo su libro "Mi cuerpo también"

Tú pasaste del cáncer a la vida
con tu lucha, tu mente y tu hermosura
y pusiste después en la escritura
la huella de la senda recorrida.

He leído tu libro de un tirón,
Raquel, por la verdad que contenía,
tus palabras, tu gesto y empatía,
por su fuerza y humana compasión.

Tu luz en el pasillo no era vana
que el amor a la herida también sana.
Doblaste el cabo del dolor y el miedo.

En tu libro describes el camino
que hizo que la vida sea destino.
Dedicarte un soneto es lo que puedo.

EL SECRETO PERFUME DE LA ROSA

Tú tienes que cuidar de tu hermosura,
y cuidar de tus ojos la mirada,
esa tuya que nunca es olvidada
y que retiene siempre tu ternura.

¿Por qué cuando tú miras son tan suaves?
¿por qué de cerca son tan amorosos?
¿qué tienen de especial, siendo ya hermosos?
De ti y tu carácter son las claves.

El tiempo se condensa en esa hora,
que la dicha se acerca y se combina
en tu boca, tu cuello, tu piel fina.

¿Es cierto que es así? Noche y aurora.
El susurro al oído que te cala,
y el beso desde el cuello que resbala.

Clavada en la pared la mariposa.
Y el secreto perfume de la rosa.

CONTIGO FUE

Para B.

Era el aire impregnado del olor
de aquel jazmín, la flor de la memoria,
dejando atrás las sombras de la escoria
y sosteniendo siempre aquel fulgor.

En tus ojos quedó el jazmín prendido,
con la luna, la estrella y la palmera,
que fue vivir la vida verdadera
en aquel patio azul ya anochecido.

Fulgor y radiación en el destino.
Tiempo y vida cruzándose en el vuelo,
la luna al alba en el azul del cielo

iluminando el punto del camino.
Contigo fue así entonces y fue cierto,
junto al balcón al éxtasis abierto.

LA ESQUINA

Me gusta andar por donde nadie pasa.
Me gusta contemplar el claroscuro.
Cualquier rincón, aunque poco seguro,
cuando la luz decae o ya es escasa

Percibir la belleza en que se basa
el día más vulgar, los grises muros,
las fábricas desiertas, chasis duros,
los descampados sin ninguna casa.

La esquina. El árbol seco. El bar cerrado.
Los antiguos balcones con persianas.
La calle estrecha y mal iluminada.

Son los sitios de ayer, cartel pasado,
aquí ó en Estambul, calles lejanas,
que cruzan una esquina recordada.

"BAJO EL LIGERO PESO DE LA NIEVE"

Para Pablo Glez. de Langarica, in memoriam

La muerte te esperaba en la cocina,
como el ladrón, sin avisar el golpe.
Te quedaste escribiendo y de repente
de forma despiadada y fulminante

tu corazón falló sin avisarte.
Caíste contra el suelo y esa vida
que en ti cabía toda ya no existe.
Dejas a tus amigos, tus poemas.

Te nos fuiste sin tiempo a despedirte.
Todo es silencio, Pablo, y a tu vera
silencio como sombra a tu costado.

"Bajo el ligero peso de la nieve"
que escribiste en tu verso delicado,
que cae en el silencio, a tu cuidado.

LAS METAS SON MÁS LARGAS QUE LA VIDA

"El origen se aleja
el fin se desvanece"
(Vuelta) Octavio Paz

Lo que aguarda a la vuelta de la esquina,

lo que resta vivir es más bien poco,

pensar de otra manera es estar loco,

ignorar el cuchillo que se afina.

Incierta la salud. La cuerda fina.

La luz que se atenúa. El débil foco.

La parca no perdona, ni tampoco

desvía el golpe que nos determina…

Todo lo que era vida y era aliento

queda lejos del propio pensamiento.

De pronto y sin saberlo ya eres viejo.

No hace falta mirarse en el espejo.

El corazón, las piernas, cada achaque,

te dicen que la edad te ha dado jaque.

PUERTA DE HIERRO. OTOÑO 1977

In memoriam

Llegaste cojeando al Hospital
y firme mantenías aún tu vida.
Temías la sentencia presentida
en el avance cierto de tu mal.

De golpe todo gira hacia un costado.
Todo queda pendiente de esta espera.
Esperar mientras el tumor se opera,
y anhelar un milagro, ser salvado.

El árbol a través de la ventana,
una tarde otoñal que está ahí fuera.
El silencio que no es lo que antes era.

"Puta vida" dijiste. Hoy sin mañana,
de pronto no saber cuál es el sino
envuelto en la tiniebla del destino.

POR MÁS QUE NO ME MUERO

Por más que no me muero, yo me muero
con esta desazón y esta desgana
el dolor en los ojos que me gana,
la cefalea, un fondo duradero

y el cansancio desde hace más de un año.
Sin diagnóstico sigue día a día,
queda la duda como cosa mía
y este desconocer cuál es el daño.

A veces me preocupo y ya no puedo
con el día, los párpados tornados,
me quedan los deberes alejados.

Paciencia y descanso. "No" al miedo.
Conseguir reforzar el pensamiento,
y respirar consciente del momento.

DULCE COMPAÑÍA

Tumbados, descansando, lo recuerdo.
Desnudos y tumbados. De repente,
sin saber más de ti que aquel presente
que, de pronto, es tan real, que si lo pierdo

creo perder un trozo de la vida.
Sigo viendo tus ojos entornados
pero vueltos hacia mi ensimismados.
Solos. Furtivos. Dicha renacida

que te viene de nuevo y lo presiento
en tu cuerpo; tu mano agradecida,
te estremeces y todo se trasmite,

la desnudez que abraza y que repite,
y lo sagrado que hay en el momento,
de esa respiración estremecida.

Lo recuerdo. Y así anochecía.
Sueños y años, y dulce compañía.

ES PARA DARLO, NO PARA TENERLO

Para B.

No recuerdo que nadie me haya hablado
hasta ahora del *"néctar del corazón"*. (*)
Néctar de vida, néctar de ilusión
que produce un latir acompañado.

Un néctar que se siente en el abrazo
un néctar que se nota en la quietud
y mantiene la savia y la salud
de la vida que aún nos deja un plazo.

Como si fuese el néctar de las flores
se comunica a veces sin saberlo
igual que se perciben los colores.

En el amor encuentra su sentido,
es para darlo, no para tenerlo,
es un néctar que existe compartido.

(*) *Lydia Mayeur ("Desde el corazón expandiéndose un néctar*
de bienestar")

SATÁN VUELVE

"Lo siento... he olvidado presentarme"
Voland. *El Maestro y Margarita*
(Bulgákov)

Ha pasado el demonio a decir hola
y desearme tenga hoy un buen día…
Pero no me engañó, pues yo sabía
que venía a enredarme con su cola.

Siempre me ha preocupado su presencia,
ese aire suficiente, su desprecio,
ese reírse de mí a cualquier precio
ese ignorar en todo mi querencia.

El diablo es el vacío que se acerca
cuando estamos sin ganas de vivir,
cuando ha sido una noche sin dormir.

Hace que te conoce muy de cerca.
Ve tu desilusión, sabe el engaño,
y sabe cómo hacerte mucho daño.

ANTICATECISMO

Nada es pecado,
si a nadie se hace daño.
(Anticatecismo)

Nada es pecado si a nadie se hace daño
¡mucho abarca el sexto mandamiento!.
El sexo complicando el pensamiento,
que de algo natural hace algo extraño.

La castidad a veces da en locura
y se desvía a un cauce equivocado.
Pecado no es pensar o haber mirado,
o un deseo que un momento dura.

¡Cuánto fue sufrimiento y cuánta culpa!,
reprimidos, pensando en el pecado,
que era pensar, decir, haber tocado

en sus múltiples formas, sin disculpa.
Por un instante, era un castigo eterno.
Confesarse libraba del infierno.

¡Algo era enfermo y algo se torcía,
y en vez de ser placer, era agonía!.

EMOCIÓN Y NOSTALGIA DE TIEMPOS PASADOS

Para B.

Tú me das el calor que necesito.
Tú me dices que estoy vivo y no muerto,
tú estuviste cuando yo estaba incierto,
me ayudaste a comer sin apetito.

Yo te he hablado del sitio del fracaso,
cuando el rencor avanza hacia nosotros,
te hablé de los demonios, que no hay otros,
su veneno al oído en cada caso.

Toda la vida unidos, quien pudiera,
seguir así y que sea verdadera.
Aquello fue verdad y no quimera.

Pasear muy mayores de la mano
si el final de la vida está cercano.
Te lo escribo por si algo me ocurriera.

IV

Las rayas de la mano

CANCIONERO DE LA PRIMAVERA QUE VUELVE

Para B.

Lléname las pupilas
con luna color canela,
ese es el mejor colirio
cuando los ojos me duelan.

Quiero sentir la quietud
que siento al tocar la piedra.
O en la roca junto al mar,
y el polvo de las estrellas
que me llega entre la espuma
cuando la tarde se aquieta.

Inquieto y no sé el por qué,
ni por qué esta cefalea,
que me hace entornar los ojos
y a veces me desespera.

Sólo quiero descansar

quedar tumbado en la arena.

Quiero poder caminar

"con la poesía en vena" (*)

sabiendo que me comprendes

y que eres mi compañera.

Salir limpio de la mar

para volver a estar cerca,

con las heridas lavadas

y evitando la gangrena.

Que comprender y ayudar

es olvidar las condenas.

La ayuda sin que se ruegue,

pueda contarse la pena.

Quiero tener esperanza

en aquella vida plena,

una vida que fue cierta

una vida que fue nuestra.

(*) José de la Sota (*Vacilación*)

Quiero poder compartir

pero de una forma buena

lo que de mí creo bueno

lo que de mi vida queda.

Algunas cosas tenemos

algunas muy verdaderas

sin nombrarlas lo sabemos…

pero a veces las perdemos…

y habría que mantenerlas.

Yo me encuentro ahora confuso

y lo noto en la cabeza,

es este derrumbadero

que me quita la certeza

y hace que la obsesión

cobre en mi mente más fuerza.

Riesgo que antes no tenía

ahora tengo en una arteria

una ansiedad y una angustia

y una agitación interna.

En estos últimos tiempos

he visto a la muerte cerca.
Mi hermano, mis amigos,
y el miedo a las residencias.

Yo temo la depresión
si vuelvo a sentirla cerca,
porque conozco sus daños,
ya no podría con ella.

Pero también reconozco
la luna color canela,
luna que nos encontró
y que a los dos nos consuela.
La luna que hace unos días
señalaste que la viera.

Comprenderse y ayudarse
sin rencores, sin afrentas;
la ayuda sin que se ruegue,
poder contarse las penas.

Aunque ahora es más difícil
pienso aún, pienso que pueda,

intento salir del fondo

y subir por la ladera

y proseguir mi camino

por esa escondida senda

y aunque otra vez esté oscuro

ya conozco la escombrera.

Con esa intención te doy

un blanco collar de perlas,

que es poesía enhebrada

que aunque tardía es bien cierta,

las perlas son también flores

y amapolas y hojas verdes

que están en la primavera.

AMANECE A PRIMERO DE AÑO

Para K.

Deja la mar las algas en la playa
al claro amanecer, cuando el sol sale.
Repaso de la vida lo que vale.
Pasó la Nochevieja. El día calla.

Es a primeras horas donde se halla
el buscado silencio que nos cale,
un silencio que logra que se escale
cualquier dificultad y cualquier valla.

El mundo se hace real. Nuestra vida
la vemos con sentido, consecuente,
y en el mismo momento comprendida.

Permanece una luna trasparente
en el espacio azul. Y en nuestra mente
la nueva singladura es percibida.

FORMA FUGADA

Para K.

Tiembla en el borde de la verde hoja
la postrer suave brisa de la tarde.
Sobre la mar tranquila la luna arde
y de nubes el cielo se despoja.

Sin saber el por qué de esta tristeza
encuentro antigua pena en el paisaje.
Espero que del cielo un aura baje
y sea como un halo de belleza.

Estar en uno mismo. Ser tan solo.
Vivir y desear este momento.
Estar y ser sin otro protocolo

que hacer según el propio pensamiento.
Adaptarse a vivir. Seguir la vida
no dando ni una hora por perdida.

DÍA DE LOS MUERTOS

"un confuso deseo de decir adiós..."
Bajo el volcán (Malcolm Lowry)

La Dama llega de negro,

la Parca con su guadaña,

la Huesuda, la Catrina.

En el Día de los Muertos

hay mezcal en la cantina.

México, de los esqueletos

que no descansan, que bailan

con sus pasos elegantes

y sus miradas vacías.

Día de Muertos. El cónsul

se muere bajo el volcán.

En su mano aún retiene

la botella de mezcal.

SOLO CARNAL

Solo carnal, pero a veces,

hace sentir cercanía,

y es sosiego que se ofrece,

sin nada que suplicar.

A veces también consuelo,

a veces mucha verdad.

EL PROFETA

Las Galaxias y los átomos existen.

Y las constelaciones.

Y las partículas subatómicas.

Y la materia oscura.

Y las partículas imposibles

que están en dos sitios a la vez.

Y las cuerdas de realidades paralelas que se replican,

y el final del pensamiento dubitativo de la Física.

¿Y el Tiempo, en nosotros, en la velocidad de la luz?

En nosotros. Nosotros también.

No lo dudes.

Dilo en alto con voz de profeta:

Nosotros también.

DESTINO

Nadie queda por detrás,
y no hay nadie por delante.
Vacio sigue el camino
que me indican las señales.

Ni las rayas de la mano
son las marcas del destino.
No acertaron en tu caso.
Ni acertaron en el mío.

SIN TÍTULO

Para Ch. y F.E.

Lo que está sucediendo

no es algo obvio.

Cada vez más rápido, nada es suficiente.

Dicen que el mundo está en un momento de trasformación.

Pero hay momentos que se percibe

el ruido de un derrumbamiento.

Difícil de conocer la realidad,

las noticias se fabrican,

lo verdadero y lo falso se superpone,

es difícil profundizar en lo que vemos.

Sólo lo que se presenta en los innumerables canales de televisión,

en Tic-Toc, en "X", en las redes

que seleccionan y ocultan,

la red donde rebotan las mismas sucesos, las fake news,

donde nadie llega a tener tiempo para distinguir, discernir,

en medio de la algarabía del enjambre,

del todo a la vez.

Tienes que permanecer en silencio

y esperar alguna evidencia,

sin olvidar la historia de los sucesos,

esperar las evidencias,

igual que esperas que surja

una línea y luego otra

de un poema sin título.

UNHA APERTA

Unha aperta igual de forte.

De punta a punta de España.

Los abrazos son abrazos,

sin que importe la distancia.

UN BULTO TAPADO CON UNA MANTA/PRIMER MUNDO

¿Y ahora?

Ya nada te hace falta, salvo esos cartones de vino.

Lo demás es como estar ya muerto.

Te vuelves a tapar

con la manta, de los pies a la cabeza.

Todo ha dejado de valer,

sin dinero, sin salud, sin compañía,

sin retener en la memoria.

Evitar el dolor, quitar el frío,

es lo más de que eres capaz.

No sacar los pies de la manta.

Acabar el cartón de vino.

Que no duela la cabeza.

Que no duela pensar.

Que no duela respirar.

Quieres estar atento,

pero no entiendes los sonidos que te rodean.

Te hablan pero no reconoces lo que dicen.

Equivocas las caras.

Y pareces murmurar

"Si vinieras tú…".

LA CARICIA DEL POEMA

¿Han sido aquellos poemas?

¿Ha sido algo que sucede?

Si no sabes lo que ha sido,

lo que ha sido, creo es suerte.

Ni las rayas, ni las venas de las manos,

ni los signos de la frente.

Ni los posos del café,

ni el decir de la vidente,

ni el tarot,

ni los sueños.

Son los versos

con un mismo referente,

que permiten compartir

y permiten comprenderse.

LA SASI-MIMOSA

Pasamos todos los días
debajo de la mimosa
cada vez más florecida.

Mantiene aún tonos verdes,
cada vez más amarilla.
Parece más grande al sol,
al sol, y a la luz del día.

DE ESE ESCRIBIR

Para G. M.,
ese escribir, que
nunca interrumpió y hoy, siempre
perseverante, sigue.

Hace tiempo que intento otro soneto
las sílabas contando en cada dedo
y la memoria rítmica en que puedo
anotar lo que empieza en un boceto.

De ese escribir que lleva este secreto,
de ese escribir al que de pronto cedo,
de ese escribir en donde no hay enredo
y acaba con la forma de un cuarteto.

Tengo que revisar lo que ya he escrito,
y corregir el documento abierto,
y afinar las estrofas con acierto.

Los otros versos quedan en espera.
Los versos que con notas delimito
hasta que tomen forma verdadera.

LAS RAYAS DE LA MANO

¿Es esto la fatiga de los años?
Aunque a veces no quiera darme cuenta
acercado a la cifra del ochenta
se cuenta en la escalera los peldaños.

Muchas cosas son ya las que hacen daño
pero abrazamos lo que nos sustenta
y sujetamos lo que se presenta
esperando en el borde del escaño.

Me miraron las rayas de la mano
con la premonición de algo cercano.
Aquí está con su surco y su medida,

la raya de la muerte y la salud.
No acertaron lo que era mi inquietud.
De cualquier forma es corta nuestra vida

CAMA COMPARTIDA

Ese dormir a tu espalda arrimado
el calor en tus muslos, esa calma,
ese quedar dormido en cuerpo y alma,
el ánimo tranquilo y sosegado.

Con una cama basta. Abrazo quieto,
respirar corazón y corazón.
No es un sueño. Tampoco una ilusión,
dormir así los dos es el secreto.

Sólo dormir a dos, estando al lado,
entrar en ese sueño descansado,
sin pesadillas, sin ningún cuidado.

Sereno de mi ser y mi aventura.
He pasado el umbral de la amargura.
Y sabiendo las cosas que son cura.

24 de AGOSTO. "Veinticuato"

Para L.E.

"Hoy cumple de Mikel",
me pasas en el wasap.

Te has acordado hija, y yo no.

No tenía marcado el día 24.

Te has acordado, a primera hora, y yo no.

¿Recuerdas también los ratos que estuvisteis juntos,

contento contigo,

en Busturia, en la playa, en Olentzero?

Y tu idea de encender las velas, cada uno en cada casa,

como despedida, en el funeral que entonces no se pudo hacer.

Tú te has acordado hoy y yo no.

El 29 era el cumple de tu aitite.

Esta vez iré al camposanto

y dejaré unas flores, para ellos dos y para todos.

Hace tiempo que no he ido.

Tú te has acordado y yo no,

y lo siento en la garganta, a mi manera.

Llevaré las flores

y marcaré las fechas con colores.

SENSACIÓN

De todo esto que he escrito

mucho te lo debo a ti.

Tú has llagado a recordarme

cosas que estaban en mí.

AL CABO

Estar en la cama juntos

en un descanso amoroso,

no sabiendo qué hora es,

sabiendo lo tienes todo.

LEJOS DEL MUNDANAL RUIDO

Para I.R.

I

El año del meridiano.

Síntomas de decaimiento.

Pero hay que empujar la vida

a favor ó contra el viento

II

"Un corazón amoroso

y una mente preocupada"

L. así lo resumió

mejor que en otras terapias.

"La curación de las manos"

como curación del alma.

III

Soledad no es estar solo

sin nadie a tu alrededor.

Soledad es cuando vives

sin saber lo que es amor.

Cuando junto al desconsuelo

no hablas de tu dolor.

Cuando te debes callar

porque no hay poción mejor.

IV

Puedes perder tu verdad

olvidar quien es tu yo.

Sin destino, y sin rumbo,

ni línea de flotación.

Soledad, si no es querida,

es una pena mayor.

V

Oigo "Rossetta" de Vángelis

como música que calma.

La tarde se queda quieta.

Siento el pálpito del alma.

La vida sí es travesía.

Sólo el tiempo es un fantasma.

V

Reflejos sobre el agua

URDAIBAI

Para K.

Se desvanecen los bordes,

polvo de oro entre cenizas grises

reflejos en la marisma.

En Laida la marea queda inmóvil.

Luego una estrella brilla.

"DIME QUE CREES QUE FUE"

"...creo que era un eclipse...pero las nubes impidieron ver el final".

WhatsApp.

Allí estaba, en la noche, al abrir la ventana

la luna enorme, que ocultaba el sol,

solo la cobertura de sombra de los reflejos

en el espejo antiguo del armario.

La "Vieja luna de Bilbao",

la del cabaret de la canción del marinero enamorado.

La luna llena de agosto, la doble luna,

la luna azul, en el eclipse que se hace mágico

desde la terraza abierta a la noche,

sobre el curso silencioso de la ría,

iluminado espejo desgastado por los astros.

Prométeme que como entonces,

dejarás abierta la ventana, hacia el eclipse,

prométeme, que apenas cubierta con la sábana,

como entonces, dormirás desnuda.

LAS SINAPSIS

…"*también con una tabla salvadora*"
M.P. (Soneto *Tabla Salvadora*)

Para B., M., y el Dr. JF. R.

A veces me ha sobrado confianza,
a veces me ha costado sostenerla,
tentar mi poesía era perderla,
era perder el ritmo y la esperanza.

Dejando de escribir durante meses,
ni siquiera acercarme hasta el teclado,
ignorar lo que había publicado.
He pasado ese trance algunas veces.

He tenido ayuda. Salí del trago,
del difícil dudar si hago o no hago.
Yo temo esos momentos de derrumbe

y los síntomas previos al vacio
y al vértigo también desde la cumbre
y al silencio que empieza a no ser mío.

Salí del trago, como lo hago ahora,
también con una tabla salvadora.

FANTASMAS QUERIDOS Y BRUJAS HERMOSAS

"Acercándose, resultas ser tú- o casi".
Satán dice *(Sharon Olds)*

Me acompañan mis fantasmas.
En esta hora en ellos me refugio
en sus vidas y en sus gestos y sus palabras,
y en su cariño.
Con vosotros puedo oír todavía aquel remoto sonido del mar
en el fondo de la vieja caracola.
Con vosotros soy consciente del ahora y el curso largo de la vida.
Con los oídos llenos de música
puedo ahora entornar los párpados.

La casa está vacía,
no sé en qué lado de la oscilación estoy
pero sé que no he de entrar en el sitio del fracaso.

Dejo libre la mente para que la ocupen los recuerdos,
no vacía, sino dispuesta
para que lleguen los queridos fantasmas,
"mamúas" míos, y las brujas hermosas,
que me acogéis
en medio de esta soledad que me ha invadido.

NOCTURNO EN TU NOMBRE

Para M.

Está *la Osa mayor sobre el tejado*,
en una noche abierta y deslumbrante
con solo las estrellas por delante,
universo que queda imaginado.

Ladridos a lo lejos; cerca, el canto
de los grillos. Lejana inmensidad
y lo cercano, tienen su verdad
que la noche mantiene en ese encanto.

Silencio. Respirar. Visión sagrada
extendida en la noche, deslumbrada,
por esa oscuridad y ese momento.

Es la Osa Mayor. Es ornamento
de una noche sublime, y de la vida
que ahora se siente propia y conseguida.

NOCTURNO EN MI NOMBRE / REFLEJOS EN EL CURSO DEL AGUA

Para M.

Sentir la sensación, abrazo ausente,

como un dulce escalofrío,

no importa cerca o lejos.

Observando la Osa mayor, en una noche de estrellas,

ó bajo la lluvia fina

atravesando las calles del viejo Bilbao,

contemplando la ría, el puente y la Iglesia,

"en la oscuridad salpicada por las farolas, como estrellas te-
rrestres", (*)

que se reflejan en el curso del agua.

Es tuyo ese verso, el de la oscuridad, las farolas y las estrellas
terrestres

y mía la percepción también de esta noche,

la sensación de este ausente abrazo,

cuando se reflejan y casi flotan las farolas,

de ese nocturno compartido.

(*) (Texto de Marina Perez)

PATIO PINTADO DE AZUL

"Amamos sólo lo que no nos pertenece completamente"

M. Proust

Para B.

Entonces aquella dicha llenaba los poemas

de una forma o de otra,

marcaba para mi

una línea de flotación en la vida;

día a día

del cielo iluminado,

la mirada que se ama,

lo que se va a decir,

la noche alta,

y los jazmines

en aquel patio azul.

TARDE DE DOMINGO

Esa tarde que siempre percibí
solitario, como algo presentido.
La tarde de domingo percibido
como algo que ya fuera un "dejá vu".

Ese momento tardío, en esta hora,
ya vivido otras veces, conocido
por ambos, sin haberlo compartido,
de un domingo que acaba y se demora.

No sabes el por qué, ni qué ha pasado,
pero lo sabes. Ahora lo has sabido.
Aún a pesar del tiempo sucedido

lo recuerdas. Es algo no olvidado.
Esta misma tristura, este cuidado.
esta tarde, en este "algo" ya sentido.

UN CAFÉ

Cuando podamos,

cuando sea

tomaremos ese café

que estará caliente,

que nunca quedará frio.

Lo mismo si fue haces meses,

lo mismo si en unos días

lo mismo el año que viene…

estará un café esperando,

para tomarlo los dos.

Nunca en la taza frio.

SON

Son en la distancia
pero no virtuales.
Son en mi vida
de lo más reales.

AMAPOLA

Para L.E.

Laderas y campas rojas, cubiertas de amapolas.

Amapola temblorosa, casi abrasada, en esa esquina, junto a las piedras.

Nunca aparto la mirada.

Prendéis en los campos,

como desde antaño prendisteis en mi alma.

AMAPOLA ESCONDIDA

Para L.

Amapola roja casi sangre,

mantienes es tus pétalos la belleza renovada

que no se puede tocar.

Muestras abierto ese temblor casi púrpura

como la suavidad de los labios entreabiertos

que no se pueden besar, pero nos fascinan.

Porque no pueden tocarse,

porque es flor y fantasía,

porque entonces se deshace

y su encanto perdería.

CERCANÍAS

Todo está como al aire, la moneda
la suerte, la salud y aún el mañana,
pero existe esta vida, tan cercana,
y ese café que nunca frío queda.

¿Por qué esas ganas de contar las cosas?
O esos wasaps que siempre reconfortan,
con palabras que nunca se entrecortan
aunque pesen los párpados que posas.

No sé si sé. Ni sé aún si puedo.
¿Aún me queda tiempo para todo?
Seguir viviendo así. Y de este modo.

Poder decir, sin que haya nunca miedo.
Y saber escuchar y ser consciente
de todo lo cercano o de lo ausente.

LEJANÍAS EN USERA

Todo está como al aire la moneda
sin saber si seguir o cuando hacer,
caer al suelo, dejarse ya caer,
o mirar si ha girado o no la rueda.

Ya no puedes evitar lo que está hecho
pero sal de la cárcel de ese miedo;
es difícil si dices ya no puedo,
con tu tortura olvidas tu derecho.

Levántate de nuevo de la acera.
Nadie te va a ayudar aquí en Usera.
La ruleta de sombras, la obsesión.

Y la angustia que impide respirar.
Y que no existe suerte, solo azar.
Y parece pararse el corazón.

LEJANÍAS, Y MÁS ALLÁ

No miro como ha caído la moneda,
la tiré solo al aire por si acaso.
Sé que algo va a cambiar en este caso,
de esta noche que mucho ya no queda.

En la calle la lluvia cae espesa
y me he perdido entre las letras chinas.
Casas de juego esconden las esquinas
y una pareja en un portal se besa.

La obsesión que se nutre poco a poco
del temor que uno mismo ha alimentado.
Llegué ayer hasta aquí y no estoy loco.

En este barrio oculto me he extraviado.
¿Es una calle en China?, no lo sé.
Una luz turbia sale de un café.

CARACTERES CHINOS

Un texto sin más,

aquel texto con caracteres chinos

despertó mi curiosidad.

Más tarde, tuve ocasión de preguntar

su significado:

Te extraño.

Conozco tu cuerpo.

BAJO LA MIRADA DEL BUDA

En la apacible penumbra

tumbado bocabajo,

cubierto con la toalla,

espero, viendo la imagen de Buda

a la luz de unas velas parpadeantes.

En un silencio propio de la meditación

noto unas manos posándose en la espalda,

luego van haciendo presión hacia los omoplatos.

Siento acompasarse la respiración

y como me retira la toalla.

Lo único que oigo, a veces,

es el frotar de esas manos

para coger calor

y extender mejor el aceite sobre mi cuerpo.

REFLEJOS EN LA NOCHE

Para Ch.E.

El charco de agua

refleja en el suelo el finalizar de la tarde

y las letras de unos tubos de luz fucsia.

Alguna gaviota grita.

Casi ha parado de llover.

Apenas caen cuatro gotas

y se oyen los neumáticos de los coches

en la carretera.

Reflejos rojos y verdes del semáforo.

Ahora rojo continuo.

Anuncia que hay que esperar.

Aprovecho y anoto.

Han parado los coches,

dejo que mi ánimo se disuelva,

brillan sus faros,

de nuevo arrancan y siguen adelante,

el autobús, hay que abrir el paraguas de nuevo.

Me doy cuenta que no me he movido.

De nuevo el charco y las luces fucsias,

parece que todo va más despacio.

Me viene a la cabeza la voz de L. cantando en español

"La fenetre est entrouverte":

"Estoy solo, aquí solo, solo"

El tono, su voz en el abandono,

imposible de reproducir,

solo sentir,

solo oírla una y otra vez…

El semáforo no cambia hace un rato.

No sé lo qué pasa. ¿Me habré mareado un momento?

Veo el bar de las luces y reflejos fucsia, abierto.

Entro. Al final de la barra, en el suelo,

hay cables depositados, abandonados, con estrellitas de Navidad

aun encendidas.

No hay nadie en la barra.

Me doy cuenta que es el momento adecuado

para tomar una cerveza.

INSIGNIA DE VALOR

¡Oh corazón, corazón!

qué cerca tengo mi mano

voy desnudo por la orilla

porque así me siento humano.

¡Oh corazón, corazón!

Siento cerca tus latidos

y está muy cerca mi mano.

Así te cuento la vida

en estos versos cercanos.

EL ÁRBOL Y EL WASAP

I

Desahogos todos,

wasapps tardíos, todos,

"tengo sueño", todos,

soles lejanos y cercana osa mayor,

aguas de los pétalos de rocío para lavarse la cara,

cercano arroyo que sigue llevando agua.

II

En el otoño avanzado aún recuerdo las flores,

de ese árbol,

que sigue dónde entonces en el Campo Volantín.

Cumplía dieciocho años, pasaba bajo sus hojas,

 y amo ahora las raíces que lo mantienen

 y me llegan al alma.

Aquel día percibí que mi línea de flotación

me permitiría navegar donde quisiera.

DESCUMPLIR

I

En vez de cumplir

descumplir años.

Esto me sucede a veces,

cuando escribo.

Me da miedo

ese delgado filo

que separa entonces vértigo y realidad,

y no tengo testigos.

II

En vez de cumplir

descumplir

delante del meridiano

que va marcando la edad

con un acero afilado

que pronto voy a saltar.

Otra vez ocho de mayo
y procurar no fallar.

III

Meridiano del destino
que marca la intersección
con el curso de la vida
y el sentir del corazón
Diafragma que permite
cual línea de flotación
hendir el tiempo y la vida
como una navegación.

IV

En vez de uno menos
uno más,
no ir contando hacia atrás.
Mantén la imaginación,
y mantén el respirar.
El destino, el meridiano,
ese tiempo circular
está en el cielo y la tierra,

en tu alma y en el mar.

Y no sabemos aún

en donde se va a parar.

SALVOCONDUCTO

Otras veces he podido,

algunas con dificultad.

No puedo quedarme a un lado,

volver a la enfermedad.

No poder lo que se quiere

no poderse levantar.

Sabes lo que significa.

Si es necesario: Parar.

Tienes un salvoconducto.

Y te podrás escapar.

PERSPECTIVA

La perspectiva desde tu terraza

sobre el curso de la ría,

la estación de Atxuri,

y hacia el borde, las antiguas vías.

Tres fotos

 y tus comentarios:

"Va mejorando el día".

"Veo la estación de Atxuri"

 y la última:

"Recuerdo tu poema".

ESE CANTAR

"Erase una vez un lobito bueno"...
Canción de Paco Ibáñez. Poema de Goitisolo
Para el Dr. JF. R.
Para I, ese cantar...

Ese cantar... que he oído a mi pequeño nieto.

Cuando cantan los niños, sin darse cuenta.

Su voz, su entonación, mantiene el milagro de la vida.

Sin pronunciar bien las palabras todavía,

sin esfuerzo, como juego, sin darse cuenta.

Pero nosotros sí nos damos cuenta,

del lobito bueno,.. de la bruja hermosa...

Porque forma parte de una revelación,

es un punto divino de la existencia.

SILANDEIRA

Abierto el corazón, abierta el alma
al silencio de *lluvia silandeira,*
a lo que es poesía *verdadeira,*
en la que la tristeza encuentra calma.

Apreciar lo que escribes, lo que dices,
se refleja la misma sensación,
en cosas que yo puse la atención,
y que bendigo lo que tú bendices.

Poemas que parecen ser tardíos,
poemas que se enlazan con amor
y saber que haces tuyos versos míos

y yo encuentro en tus versos mi sentido,
y nada de esto quedará perdido,
los versos, ni la lluvia, y su rumor.

LA QUE INSTIGA

He visto a la Señora y la he temido,
Como siempre resulta halagadora.
La vieja Dama es muy insinuadora,
te trata como a alguien conocido.

Te promete la noche entre su pecho,
que en sus piernas reposes tu cabeza,
y convertir en dicha tu tristeza
y te dice "querido, es tu derecho".

La Negra Dama sabe bien tu vida.
Y te instiga a que seas un suicida.
La Vieja Dama es una fiel querida.

Sabe vender la muerte como un arte.
Con suavidad empieza a desnudarte.
Y a ti solo te queda abandonarte.

ESTE ATARDECER

No es necesario estar. Sólo es sentirlo.
En este atardecer, esta emoción.
Al cabo de la vida, sin saberlo,
se nota más de cerca el corazón.

Dudaste si escribiste lo que has dicho,
si has repetido todo o buena parte.
Y si puede quedar en entredicho
lo que más parecía iba a importarte.

Si puedo continuar no deprimido,
o dejar el poema abandonado
presintiendo que el tiempo ya ha pasado...

Así ha podido ser, pero no ha sido.
Siento la percepción y la armonía,
a esta hora la tarde es poesía.

FORMA DE VIVIR

Hay un abrazo al final, detrás de todo.
Hay algo conocido en el retrato.
Hay comprensión, consuelo, ensueño grato.
Hay escuchar y compartir del modo…

…del modo tal que las personas *crecen,*
del modo que motiva el escribir
y encontrar en la forma de vivir
los matices que a ambos pertenecen.

Tabla de salvación. Sucede a veces,
llueva fuerte con truenos y tormenta
o sea la mansa lluvia que fomenta

ese sentir pausado. Y te estremeces.
Sucede que el soneto es más sentido.
Sucede que no importa por qué ha sido.

HEMISFERIOS ALEJADOS

"Recuerdos, hemisferios alejados"
M. P.
"Noches tristes de café ya frío"
En pie de pensamiento (Tx. Echevarrieta)

Para Tx. in memoriam

En los hemisferios alejados de la memoria,

queda también aquella tarde. Empezaba a lloviznar,

abríste tu paraguas cuando salimos a la calle.

Pasear un rato para después seguir estudiando o escribiendo.

Habíamos acabado de tomar un café.

Recuerdos de lo que fue, o pudo ser,

que se mezclan en esos hemisferios alejados en la memoria.

Paso por esta acera ahora, también llueve, y el hoy y el ayer

se entremezclan con lo que fue o podría haber sido.

Abriste el paraguas para taparnos,

continuábamos entonces hablando, de un libro y otro libro,

ya de noche, en un Bilbao desapacible, de calles más oscuras,

pero entonces el tiempo, ahora comprendo, era nuestro.

Hoy, en esos hemisferios alejados de la vida de cada día,

la memoria confunde recuerdos tan lejanos,

sucede a veces, con sueños proyectados,

con vivencias de otros momentos,

y con momentos que no pudieron llegar a ser

pero que ahora recordamos.

NOCHE DE SAN JUAN

> *"aquella libertad que es el verano"*
> Seamus Heaney. (*North*)

Cuando a la noche el cansancio te ha vencido

y el agotamiento y la preocupaciones del día

te hacen coger la cama con los ojos ya cerrándose,

acuérdate de tus palabras "grato y amoroso descanso",

En esta noche evoca, mientras te quedas dormida,

los sueños de tus sueños:

Las hogueras de la playa de Muskiz, en aquellas noches mágicas,

las chispas que ascendían al cielo,

la juventud sin cansancio, el entusiasmo de la libertad.

Y el ruido cercano del mar.

Mientras duermes hoy,

el rocío seguirá cayendo sobre el recipiente

con los pétalos de rosa

y las flores de acebo.

Mañana también, como entonces,

con esa agua te podrás lavar la cara.

SE ESTAN MARCHANDO MUCHOS

"El cielo estaba del color del cemento, nubes
oscuras, ambiente plomizo, llovizna arrastrada
por grises ráfagas de viento"
(La noche del oráculo) Paul Auster

Se están marchando muchos.

Y yo no he hecho los preparativos.

Ni la maleta (hay quien la tiene preparada para el Hospital),

ni revisar las citas médicas,

ni la liquidación con Hacienda, ni qué más…

Aún tengo que ordenar muchos escritos dispersos.

Tengo que recoger fragmentos

perdidos en la confusión de cuadernos y carpetas.

No me dará tiempo.

Va a ser mi cumpleaños, me doy cuenta

de que el tiempo escasea.

Sé a qué me refiero.

Mañana haré una agenda con lo que sea imprescindible.

También volveré a oír "Rosetta", de Vangelis.

No puedo acarrear libros (Algunos al menos…),

ni mi música o las películas que he mantenido muchos años.

¿Todo es una carga?

El hecho es que el mundo vivido, mi mundo, sólo es ya un reflejo.

Mi vida ahora mismo, es un reflejo de otro mundo,

que se mantiene en el pasado.

Se están marchando muchos, de mi vida, día a día..

Ahora empieza a anochecer.

Mañana a las 13 voy al trámite de las "Voluntades Anticipadas".

Es un primer apunte que tomamos para afrontar la muerte.

Ha coincidido así,

cercano a ese meridiano

que ha trazado la línea divisoria.

Algo he hecho, de todo lo que aún queda.

¿Dejar todo lo demás, todo en orden?

¿Y si no me es posible?

Dedicarme a eso, sólo a eso.

¿Dejarlo todo preparado?

sería no hacer otra cosa,

sería como si también

me hubiera ido ya.

(No fue así, "Mañana" no fui al trámite del DVA. Ingresé con un ictus en el Hospital. En la UCI parecía rota la línea de flotación. Luego en la planta, día a día, noche a noche, sentí que las cosas ya no estaban bajo mi control o preocupación. Todo sucedía hacia un rumbo trazado por otros.
Aprendí mucho.)

TORVO MERIDIANO

Querías esperar a que aparezca,
esa chispa, el relumbre de algún trazo,
al menos componer el cañamazo,
los hilos de los versos que apetezca.

Pero ahora no puedes con tus ojos
cansados, preocupado, enfebrecido.
Varias neuronas se han ennegrecido
a riesgo de quedar entre despojos.

Es un autorretrato macilento.
Y el temor, que ya fue un presentimiento,
al alcanzar el torvo meridiano.

Nada queda al alcance de la mano.
Solo el temer que vuelva a repetir,
y te prive de hablar y de sentir…

REFLEJOS QUE VAN O VIENEN

No escribas más en las paredes
Jack Kerouac (Poemas dispersos)

Para el Dr. J.F.R.

Sólo falta que escriba en las paredes.
Escribo en cualquier sitio, de repente
aparece un verso, súbito, en la mente
y recordarlo, puedes o no puedes.

Si espero, al rato olvido aquellos versos,
si no abro la libreta, si no anoto,
al poco en la memoria ya está roto,
o quedan incompletos, o dispersos.

Ilegible y aún así es verdadero,
las pocas líneas sin secuencia alguna,
hay otras que tuvieron más fortuna.

Intentas que no sea perecedero,
guardar ese momento si retiene
el reflejo de ser, que va o viene.

REFLEJOS EN VERTICAL

Los poemas, algunos de sus versos,

contienen reflejos

que te devuelven ese sentir, que te hace saber que el cariño, o el
amor, no se rompen, ni

se acaban. Siguen estando, desde lo que escribiste, porque la
poesía fluye con la sangre,

desde el corazón.

Y permite la vida

y enriquece la soledad

y la percepción de la línea de flotación de la existencia.

Está en cualquier aspecto, o palabra o paisaje que lo recuerde.

Hablo del cariño o el amor que de alguna forma se mantiene y se
refleja y se desvela

entre las líneas. O la tristeza, el melancólico acontecer que nos
acompaña

y se sustancia en poemas cortos o largos,

o en palabras, compañía, sueños.

Porque eran parte, son parte

de esos versos que están en nosotros, de alguna manera.

En poesía libre, en poemas y sonetos antiguos o nuevos, que
mantienen no sólo métricas

y rimas, sino también reflejos difíciles de expresar, pero escritos
cuando parecía

que todavía era posible.

Mirados hacia atrás, más parecen parte de un solo poema que
continua.

REFLEJOS EN LA PANTALLA NEGRA

La luz de la linterna,

resbala en la pantalla oscura.

El cuadro o la ventana mostraba una calle

aunque fuera en otra época.

Sólo era real el gris de la falda

y el negro del sujetador.

Hay un eclipse sobre las sábanas,

como el halo de un pezón

escondido en los reflejos de la pantalla.

La penumbra es sedante,

no se distinguen los recuerdos colgados en el ensueño.

Sólo un parpadeo tenue de luz roja

en la puerta acristalada.

Y el silencio. El silencio del deseo

cuando se ha desvanecido

en la profunda nostalgia de la juventud,

que añoras mientras bajas las escaleras.

ARROYO EN TU NOMBRE

La luna que se lleva la corriente

se queda en el mismo sitio.

Sólo es el agua que pasa

mientras va diciendo "sempre".

CONSIDERACIÓN FINAL. PHILAE LANDING

Lo mismo que los buques, nuestra vida tiene una línea de flotación.

Tenemos un diafragma, que no sentimos, sin el cual no hubiéramos
podido respirar.

Es una línea de flotación en nuestro cuerpo, que señala si vamos
demasiado sumergidos.

Aunque la travesía sea larga, cambie a veces de rumbo, atraviese
tormentas,

la embarcación se averíe y pueda quedar varada un tiempo, hay que
saber que existe esa

línea, ese diafragma que nos permite respirar y vivir, y así no nos
hundiremos

irremediablemente.

Y antes del inevitable desguace también debemos recordar a los
que nos acompañaron y

lo que significó navegar con ellos y llevar a cabo tantas travesías.

AGRADECIMIENTOS

Quiero hacer constar mi agradecimiento a Begoña, mi mujer, que fue conociendo el texto en varios momentos de su elaboración.

Ya terminado lo releyó, e hizo observaciones valiosas, y advirtió faltas y erratas, que debían ser corregidas.

También a Marina Perez, por su dedicación en las lecturas de determinados poemas, según se iba articulando el libro, apoyándolo siempre, y por las consideraciones y correcciones aportadas a su conjunto.

A la terapeuta Luisa Ruiz, por explicarme, verbalmente y con ilustraciones, qué es y cómo funciona el diafragma, verdadera línea de flotación de nuestro cuerpo.

A todos aquellos que leyeron el texto o partes de él, y me aportaron sus opiniones.

A todos los que de una forma u otra me ayudaron a escribir este poemario.